Führungskraft & Leadership – Das Praxisbuch

Wie Sie mit einem einfachen 3 Phasen-Modell Schritt für Schritt zu einer wahren Führungspersönlichkeit werden, Teams unaufhaltbar zum Erfolg leiten und alle Stolperfallen gekonnt umgehen

Michael Reus

INHALT

Das erwartet Sie in diesem Ratgeber

Geschafft – Sie haben die nächste Stufe der Karriereleiter erreicht. Endlich sind Sie Chef! Ob Sie bereits länger im gleichen Unternehmen arbeiten und Sie vom Teammitglied zum Vorgesetzten befördert wurden oder ob Sie als neue Führungskraft in eine Firma einsteigen: Die ersten Tage entscheiden darüber, wie erfolgreich Sie auf Ihrer neuen Position werden.

Wir alle kennen verschiedene Führungskräfte und jeder hatte bereits mit vielen unterschiedlichen Vorgesetzten im Leben zu tun. Dabei sind Ihnen sicher manche positiven und manche negativen Eigenschaften derer in Erinnerung geblieben.

Genau, wie es unterschiedliche Vorgehensweisen gibt, Menschen oder eine Gruppe zu führen, so entwickelt jede Führungskraft im Laufe des Lebens ihren ganz individuellen Führungsstil.

Alle Fähigkeiten zu beherrschen, die von einer Führungskraft vorausgesetzt werden, ist eine aussichtslose Herausforderung. Daher hört eine gute Führungskraft nie auf, täglich dazu zu lernen und ihr Wissen kontinuierlich zu erweitern.

Wir befinden uns in einer sich schnell verändernden Welt, in der wir reagieren, statt agieren, daher ist jeder Arbeitstag komplex.

Aber gibt es überhaupt den idealen Führungsstil? Ist eine Führungsposition das Richtige für mich und welche Verhaltensmerkmale zeichnen eine gute Führungskraft aus?

Vielleicht stellen Sie sich derzeit diese Fragen oder Sie haben bereits eine Führungsposition in Aussicht.

Dieser Ratgeber bringt Ihnen kurz und verständlich näher, welche umfangreiche neue Aufgaben hinter einer Position als Führungskraft stecken und von wem welche Erwartungen zu erfüllen sind.

Anhand praxisnaher Tipps und Tricks lernen Sie,

wie Sie sich zu einer effektiven, aber gleichzeitig sympathischen Führungskraft entwickeln und wie es Ihnen gleichzeitig gelingt, Ihren Mitarbeitern die optimale Orientierung im Arbeitsalltag geben.

Durch eine Anleitung der ersten hundert Tage als Führungskraft werden Sie während des Lesens merken, wie Ihre Angst gegenüber der neuen Position zu einer neuen spannenden Herausforderung umgewandelt wird, die Sie gern angehen möchten, und Sie es nicht mehr abwarten können, bis Ihr erster Tag als Führungskraft ansteht.

Was ist Führung und warum ist Führung zwingend notwendig?

Für den nachhaltigen Unternehmenserfolg ist eine professionelle Führung unerlässlich. Um in den vielen verschiedenen Situationen korrekt zu handeln, benötigen Sie als Führungskraft viele verschiedene Kompetenzen und Werkzeuge. Mit dem Begriff Führung ist meistens eine Form des Lenkens und der Beeinflussung definiert, wobei es selbst den Mitarbeitern meist schwerfällt, zu erklären, was für diese Mitarbeiterführung eigentlich bedeutet.

Daher sollten Sie sich zumindest über Ihr eigenes Verständnis von Führung bewusst sein, was unentbehrlich für Ihre Selbstreflexion und die kontinuierliche Entwicklung Ihres Führungsstils ist.

Das fachliche Wissen spielt bei den verschiedenen Fähigkeiten bei einem guten Chef nur eine untergeordnete Rolle.

Es stellte sich heraus, dass Mitarbeiter in einem Unternehmen eine gewisse Lenkung benötigen und wünschen, um die maximale Leistung zu erbringen. Sie fühlen sich wohl dabei, Entscheidungen möglichst abzugeben, und benötigen klare Vorgaben, bis wann sie welche Ziele erreichen sollen. Die Mitarbeiter, welche einer geführten Position nachgehen, wünschen sich also die Führung und Begleitung.

Dadurch bindet die Führungskraft diese Mitarbeiter an das Unternehmen und stellt so deren Engagement und Leistungsbereitschaft sicher.

Führungskraft – Ist das was für mich?

Jeder kommt im Lauf seines Lebens an den Punkt, sich über seinen weiteren Karriereweg Gedanken zu machen und sich zu fragen, in welche Richtung die berufliche Laufbahn gehen soll.

Entweder Sie spezialisieren sich in einem bestimmten Fachbereich und vertiefen darin Ihr Wissen zum Experten oder Sie finden Interesse daran, andere Menschen weiterzubringen und mit diesen gemeinsam jeweils deren individuellen Karriereweg zu kreieren und zu gehen.

Wenn Sie diese Entscheidung für sich getroffen haben und den Weg in eine Führungsposition einschlagen, spielt die fachliche Kompetenz im Vergleich zu den Soft Skills eine weniger große Rolle.

Neben einigen notwendigen Eigenschaften als gute Führungskraft, die Sie erlernen können, sollten Sie jedoch bestimmte Persönlichkeitsmerkmale mitbringen, welche dann im weiteren Lernprozess vertieft werden.

Lassen Sie sich als stille und eher zurückhaltende Persönlichkeit nicht verunsichern und nicht von Ihrem Ziel abbringen. Gerade Introvertierte bringen einige Besonderheiten und Stärken mit, die bei lauteren und forschen Menschen weniger stark ausgeprägt sind.

Zu den vorhandenen Stärken der Introvertierten zählen gutes Zuhören und Einfühlungsvermögen, außerdem sind diese Charaktere oft kreativ und leidenschaftlich. Sie müssen es jedoch schaffen, die vorherrschenden Vorurteile von Schüchternheit, Langweile und Verschlossenheit aus dem Weg zu räumen und Ihr Gegenüber von Ihren anderen Stärken überzeugen und Ihre vorhandenen Talente besser ausnutzen.

Als Vertriebsführungskraft benötigen Sie eine eigene starke Persönlichkeit, um fair und vor allem wertebasiert zu führen und zu unterstützen. Hierzu ist es wichtig, selbst echte Freude am Tun zu haben sowie technisch fit zu sein und Verständnis mitzubringen.

Ihre Fähigkeiten, Ziele klar zu definieren und durchzusetzen, Aufgaben zu delegieren und auch Vertrauen aufzubauen, werden Sie in Ihrer neuen Position benötigen.

Bei einer guten und erfolgreichen Führung ist es wichtig, die vorhandenen Stärken der eigenen Mitarbeiter zu einem Team zu verflechten, um den bestmögliche Fortschritt und Erfolg für das Unternehmen zu generieren.

Neben der Offenheit für Neues und einer großen Empathie steht für Sie zu Beginn der Entscheidung die große Frage, ob Sie sich damit arrangieren können, in Ihrer zukünftigen Position nicht mehr " Everybody's Darling" zu sein.

Menschen streben nach Harmonie und Sie müssen sich darüber bewusst sein, dass Sie als Führungskraft nicht immer von allen nur gemocht werden.

Um die Unternehmensziele zu erreichen, ist ein gewisser Druck und auch mal eine harte Hand unerlässlich, Konflikte sind vorprogrammiert und dürfen als Führungskraft nicht gescheut werden.

Mitarbeiter versuchen schnell, wenn sich diese zu

Unrecht in ihrer Persönlichkeit kritisiert fühlen, die Führungskraft auch persönlich anzugreifen. Sie dürfen dies nicht an sich heranlassen und benötigen eine gewisse Stärke, um damit professionell umzugehen.

Wichtig ist, ein gesundes Gleichgewicht zu finden und trotz Vorgaben sympathisch und authentisch zu bleiben.

Daher müssen Sie sich zu Beginn zuerst selbst die Frage beantworten, ob Sie bereit dazu sind, eine gute Führungskraft zu werden oder ob Ihnen die Harmonie mit Ihren Kollegen vorgeht.

Diese Fehler sollten Sie als Führungskraft vermeiden

Neben all den guten Vorsätzen, die man sich jeden Tag vornimmt, bleibt es jedoch nicht aus, dass auch Sie als Führungskraft den einen oder anderen Fehler begehen.

Fehler sind menschlich und gehören zu Ihrer Persönlichkeit dazu, also haben Sie keine Angst davor. Schlimmer, als falsch zu handeln, ist schließlich gar nicht zu handeln.

Um Ihnen die größten Patzer zu ersparen, erhalten Sie nachfolgend einige Tipps, wie Sie diesen aus dem Weg gehen können.

DIE ERWARTUNGEN IHRER FÜHRUNGSKRAFT SIND UNKLAR

Zu Beginn ist es wichtig, dass Sie sich selbst mit Ihrer eigenen Führungskraft auseinandersetzen, indem Sie sich folgende Fragen stellen:

• Welche Erwartungen haben zum einen Sie an Ihren eigenen Vorgesetzten und welche Erwartungen hat dieser zum anderen an Sie?

• Wann wünschen Sie sich welche Unterstützung?

• Wann darf bzw. soll Ihnen Ihre Führungskraft unter die Arme greifen?

Fertigen Sie sich hierzu vorab einige Notizen an und werden Sie sich über Ihre Erwartungen und Wünsche gegenüber Ihrem Vorgesetzten bewusst.

Formulieren Sie diese so, dass sie Ihnen Ihre Führungskraft nicht abschlagen kann und fordern Sie aktiv Hilfe bei Unsicherheiten bei ihm ein. Dies zeigt, dass Sie einsichtig sind und bereit sind, sich weiterzuentwickeln. Handeln Sie nicht bei jeder Problemlösung nach dem gleichen Vorgehen, denn so sieht Ihr Vorgesetzter wenig Entwicklung bei Ihnen und Sie suchen selbst auch keinen anderen Weg, mit dem sich die Lösungsfindung vielleicht einfacher gestalten würde. Seien Sie mutig, stetig Neues auszuprobieren, Sie haben nichts zu verlieren. Entweder es funktioniert oder es funktioniert nicht wie vorgestellt, Sie haben in jedem Fall für das nächste Mal etwas dazugelernt.

Vereinbaren Sie mit Ihrer Führungskraft dann einen Gesprächstermin, in dem Sie offen Ihre Vorstellungen und Erwartungen an die künftige Zusammenarbeit erläutern und festlegen. Nur, wenn diese Weichen gestellt sind, gelingt zukünftig eine gute Zusammenarbeit. Sind die Erwartungen unklar oder gar nicht definiert, hat es Ihre Führungskraft schwer, Sie so zu unterstützen, wie es für Ihre Persönlichkeit am sinnvollsten ist. Außerdem fühlen Sie sich eventuell übergangen oder hilflos, wenn Ihr Vorgesetzter zu früh oder zu spät Unterstützung liefert.

Zudem wichtig sind auch weitere, fest geplante Meilensteingespräche mit Ihrem Vorgesetzten. Terminieren Sie zu Beginn bereits Gesprächstermine in einem, drei und weiteren sechs Monaten. Versuchen Sie, in dieser Zeit das Besprochene umzusetzen und trauen Sie sich, Neues auszuprobieren. Halten Sie Ihren Vorgesetzten regelmäßig auf dem Laufenden und besprechen Sie, ob die gegenseitigen Erwartungen erfüllt werden.

Es gibt nichts Schlimmeres, wenn man lange agiert, wie man es für richtig hält und dann erst bei dem Beurteilungsgespräch der Jahresleistung das Feedback kommt, dass der Vorgesetzte damit unzufrieden ist und sich die Arbeit anders vorstellt.

DIE ZU ERBRINGENDEN ZIELE SIND UNKLAR DEFINIERT

Als Führungskraft geht es jeden Tag darum, die Mitarbeiter dazu zu bewegen, die vorgegebenen Unternehmensziele zu erfüllen und eine Gruppe zu lenken. Unerreichbar wird das, wenn Sie die verlangten Ziele an den jeweiligen Mitarbeiter nicht konkret definieren und festlegen.

Vergessen Sie nicht, dass Sie zukünftig nicht mehr

anhand Ihrer eigenen erbrachten Zielerfüllung und Leistung gemessen werden, sondern dass die Leistung Ihres Teams Ihren Erfolg auszeichnet. Daher ist es unbedingt notwendig, dass Sie sich Zeit für Führungs- und Steuerungsaufgaben nehmen und festlegen. Hierzu gehören Mitarbeitergespräche, die nachfolgend genauer erläutert werden.

Die notwendige Zeit für diese reinen Führungsaufgaben wird von der Führungskraft meistens unterschätzt. Machen Sie daher nicht den gleichen Fehler wie viele Vorgesetzte.

Umfragen haben gezeigt, dass sich die meisten Führungskräfte zu 80 % ihrer Zeit mit der Lösung von Fachfragen beschäftigen und lediglich 20 % ihrer Zeit mit Führen und Lenken verbringen. Das Verhältnis in Ihrer Position sollte jedoch fast umgekehrt sein. Dies variiert stark mit der Größe des Teams, aber darf auch bei einer kleinen Gruppe nicht unterschätzt werden.

Sie werden als Führungskraft nicht dafür bezahlt, komplizierte Fachaufgaben zu lösen. Denn wie zu Beginn des Ratgebers geschrieben, haben Sie sich gegen die Spezialisten-Rolle in Ihrem Fachbereich entschieden, sondern bewusst eine Führungsposition gewählt und beschäftigen sich daher damit, wie Sie die bestmögliche Leistung aus jedem einzelnen Ihrer

Mitarbeiter individuell herausholen. Zum Festlegen und Definieren der zu erbringenden Ziele eignet sich zu Beginn jeden Jahres das zuvor genannte Zielvereinbarungsgespräch, bei dem Sie jedem Mitarbeiter sein individuelles Jahresziel, dass dieser erbringen soll, vorstellen.

Wichtiger Tipp: Diskutieren Sie mit dem Mitarbeiter nie über die Zahl, die festgelegt ist. Diese ist nicht diskutabel. Reden Sie mit ihm jedoch über seinen individuellen Weg, wie er diese Ziele erreichen wird. Arbeiten Sie hierzu selbst einen genauen Plan seiner Ziele aus und seien Sie sicher bei dem, was Sie dem Mitarbeiter näherbringen und verkaufen wollen. Verlangen Sie während des Gespräches und dem weiteren Verlauf der Zusammenarbeit nicht nur, dass der Mitarbeiter seine Ziele erbringen soll. Viel wichtiger ist es, ihm die Unterstützung anzubieten und auch zu zeigen, wie er die Ziele erreichen kann. Durch verschiedene von Ihnen und den Mitarbeitern entwickelte Ideen sieht der Mitarbeiter, dass Sie nicht nur verlangen, sondern sich auch selbst Ideen bringen, wie dies gelingt. Halten Sie sich jedoch zuerst mit Ihren Vorschlägen zurück, auch, wenn es Ihnen schwerfällt.

Die Motivation des Mitarbeiters ist umso größer, wenn er mitentscheiden darf, wie er bei der Erreichung seiner Ziele vorgehen will, anstatt einen Lösungsweg vorgegeben zu bekommen.

Das Ziel dieses Gespräches ist es, den Mitarbeiter zu motivieren und ihm die Sicherheit zu vermitteln, dass er das Ziel erreicht – gemeinsam mit Ihrer Unterstützung. Dazu ist es wichtig, dass die von Ihnen verlangten Ziele zwar ambitioniert, aber erreichbar sind.

Bleiben Sie flexibel und entspannt bei Unvorhergesehenem, auch wenn zuvor festgelegte und ausprobierte Maßnahmen nicht wie erhofft zielführend sind und zum Beispiel Termine platzen oder Kunden abspringen. Innerhalb jedes Prozesses müssen stetig neue Anpassungen vorgenommen werden.

Vereinbaren Sie einen fixen Termin für dieses Zielvereinbarungsgespräch und geben Sie dem Mitarbeiter vorab zur Vorbereitung zum Beispiel folgende Aufgabe mit auf den Weg:

- Sind Sie mit der Zielerreichung des Vorjahres zufrieden?

- Was waren Ihre persönlichen Erfolgsbringer, um die Ziele zu erreichen?

- Was möchten Sie für das neue Jahr übernehmen und was möchten Sie gern zukünftig für sich verändern, um noch erfolgreicher zu sein?

- Welche Unterstützung wünschen Sie sich hierbei von mir und vom gesamten Team?

Halten Sie die besprochenen Punkte und Ziele aus diesem Gespräch schriftlich in einem Protokoll fest. Läuft im Laufe des Jahres eine Absprache nicht wie getroffen, können Sie sich immer wieder auf das Protokoll beziehen.

Gegebenenfalls bietet es sich je nach Branche an, die große Zahl des Jahresziels in kleine Etappen herunterzubrechen auf Monats- bzw. Wochenziele. In regelmäßigen Jour-Fixe-Gesprächen, die optimalerweise einmal wöchentlich stattfinden, werden die aktuelle Zielerreichung und die Ansätze mit dem Mitarbeiter dann besprochen.

Regelmäßige Gespräche sind erforderlich, damit die Mitarbeiter ihre beste Leistung zum Erreichen der Unternehmensziele beitragen. Fehlt diese klare

Zieldefinition, arbeitet der Mitarbeiter wesentlich weniger motiviert und engagiert.

Er bekommt kein messbares Feedback, ob seine erbrachte Leistung ausreichend, besonders gut bzw. nicht ausreichend ist. Daher ist es erwiesen, dass Mitarbeiter mit festen, messbaren Zielgrößen erfolgreicher und zielorientierter arbeiten und daher die Unternehmensziele leichter und schneller erfüllen.

Hatte der Mitarbeiter einen guten Monat, pusht ihn das enorm und er möchte seine gute Leistung möglichst wiederholen. Im Idealfall zieht er damit auch die restlichen Kollegen des Teams mit und Sie als Führungskraft haben die beste Situation erreicht, die Ihnen passieren kann, und können sich kurzzeitig etwas zurücklehnen. Aber gewöhnen Sie sich nicht an diesen Zustand, denn Ihre Aufgabe ist es, genau jetzt einen Schritt weiterzudenken und bereits einen neuen Plan für die Zeit nach dem Höhenflug zu schmieden.

ZU SPARSAMER UMGANG MIT LOB

So geht auch der nächste Fehler daher, welchen Sie unbedingt vermeiden sollten: Achten Sie auf ein richtiges Maß an Lob.

Es ist nicht einfach, ein Mittelmaß zu finden, wie viel Lob notwendig zur Motivation ist und wie viel Lob zu viel wird und daher nicht mehr ernst genommen wird. Aber grundsätzlich gilt hier, loben Sie Ihre Mitarbeiter für deren Leistung besser zu viel als zu wenig. In eigener Erfahrung habe ich öfter Führungskräfte erlebt, die generell nur sehr wenig lobten und sparsam damit umgingen. Die Folge ist, dass sich die Mitarbeiter daher nie gut genug für die Ansprüche des Vorgesetzten fühlen und dadurch demotiviert sind.

Wenn der Mitarbeiter bemüht ist und sein Bestes gibt, dann ist es mehr als anständig, ihn für seine Arbeit zu loben, auch, wenn noch nicht ganz das gewünschte Ergebnis erbracht wurde. Aber nur so ist der Mitarbeiter auch motiviert, es weiter zu versuchen und weiter sein Bestes zu geben. Durch ein aufrichtiges Lob des Vorgesetzten fühlt sich der Mitar–beiter beflügelt und möchte diesen nicht enttäu–schen, daher werden Sie sehen, er engagiert sich anschließend noch mehr, um Sie nicht zu enttäuschen. Probieren Sie es aus.

Nehmen Sie sich Zeit und sprechen Sie das Lob klar und bedacht aus. Zeigen Sie ihm, dass Sie mit seiner bisherigen Arbeit zufrieden sind. Wichtig ist, das Lob nicht nebenbei zu erwähnen und den Satz gleich mit einem 'Aber' zu ergänzen.

Lassen Sie das Lob auf den Mitarbeiter wirken und nutzen Sie selbst die Macht dieses Wortes für sich aus. Wenn es noch ein 'Aber' gibt, dass Sie gern ergänzen möchten, machen Sie dies in einem weiteren Gespräch zu einem anderen Zeitpunkt, das Sie mit dem Mitarbeiter suchen. Zerstören Sie nicht die positive Erfahrung, die Sie vorher aufgebaut haben.

VORHANDENE PROBLEME SOFORT LÖSEN WOLLEN

Ein weiterer Punkt, den Sie nicht überstürzt angehen sollten, ist das Lösen vorhandener Probleme im Team. Wenn Sie als Außenstehender in ein neues Team kommen, in dem bereits etwas Ärger herrscht, ist es naheliegend, dass Sie alles versuchen, um den Ärger aus dem Weg zu schaffen. Vergessen Sie hierbei nicht, dass die bestehenden Probleme schon länger vorhanden sind als Sie. Daher geben Sie der Sache Zeit und versuchen Sie nicht, die Unstimmigkeiten an Ihren ersten Tagen zu lösen.

Um sich einen umfassenden Überblick beider Seiten zu verschaffen, terminieren Sie beide Betroffene hintereinander und hören sich deren Standpunkt und Auffassung genau an. Machen Sie sich erst selbst ein

Bild über die Situation und versuchen Sie, ohne Wertung alle wichtigen Punkte aufzufassen. Jede Seite wird versuchen, Sie davon zu überzeugen, dass sie im Recht ist, daher sind eigene Beobachtungen unerlässlich für einen Gesamteindruck.

Geben Sie sich und der Situation daher Zeit und versuchen Sie nicht, die vorhandenen Probleme vorschnell, aber falsch zu lösen, weil Ihnen wichtige Details fehlen. Erst, wenn Sie nach der Aussprache die Situation einige Tage beobachtet haben, können Sie die richtige Entscheidung treffen. Vereinbaren Sie erst, wenn Sie sich mit Ihrer Problemlösung wohlfühlen, ein Meeting mit beiden Parteien und klären Sie erst dann gemeinsam das bestehende Problem und schaffen es gemeinsam aus der Welt.

FESTGELEGTE UND VERANKERTE PROZESSE INNERHALB DER ERSTEN TAGE VERÄNDERN WOLLEN

Sie sind motiviert und können die ersten Tage in der Führungsposition gar nicht abwarten.

Lange machen Sie sich bereits Gedanken und wissen schon, welche Veränderungen Sie treffen werden, wenn Sie in der Position sind. Aber Vorsicht! Sie machen sich bei den Kollegen wenig beliebt, wenn Sie gleich zu Beginn mit Ihrer ersten Amtshandlung grundlegende Veränderungen von bereits länger bestehenden Prozessen herbeiführen und neu gestalten.

Die Mitarbeiter erhalten so schnell den Eindruck, Sie wollen alles anders bzw. besser machen als Ihr Vorgänger, dies kann sie verunsichern denn "wer weiß, was dem dann noch einfallen wird".

Der Mensch sträubt sich gegen Veränderungen und Sie als neuer Vorgesetzter sind für das Team schon genug Veränderung, vor der sich dieses auch sicher fürchtet. Also lassen Sie es langsam angehen und die Kollegen erst einmal diese Veränderung verdauen, bevor Sie nach und nach alte bestehende Muster verändern und neu organisieren. Daher der Tipp: Geben Sie sich und dem Team Zeit und gehen Sie Veränderungen nicht zu schnell an. Treffen Sie in den ersten Wochen keine ausschlaggebenden Entscheidungen, sondern versuchen Sie zuerst, alle Arbeitsweisen und Abläufe kennenzulernen und zu verstehen. Vielleicht erscheinen Ihnen diese dann doch auch gar nicht so sinnlos wie zu Beginn gedacht. Der bessere Weg, als die eigenen Vorstellungen sofort umsetzen zu wollen, bietet die Möglichkeit, innerhalb der ersten Tage ein Teammeeting festzulegen, indem die Mitarbeiter die Möglichkeit haben, zuerst zu schildern, was deren Veränderungswünsche und Visionen sind.

Um während des Meetings den Gesprächsfluss aufrechtzuerhalten, eignen sich zur Vorbereitung hierauf zum Beispiel folgende Fragestellungen:

• Wie war die Arbeit bisher strukturiert?

• Welche Wünsche haben die Mitarbeiter an die gemeinsame Zusammenarbeit?

Sie können anschließend ermitteln, ob die Erwartungen realisierbar sind, welche Ziele es zukünftig zu erreichen gibt und welche Rolle Sie als Führungs–kraft hierbei spielen. Sie werden überrascht sein, welche Ideen hier zum Vorschein kommen. Und wenn die Idee vom Mitarbeiter anstatt der Führungskraft angestoßen wird, steht auch das komplette Team mehr dahinter, als wenn Sie die Änderung "von oben" auftragen.

Ergänzendes zum Ablauf des ersten Teammeetings erfahren Sie weiter hinten im Ratgeber, bei Ihrem Plan zum Vorgehen der ersten hundert Tage als Führungskraft.

FEHLENDE FESTLEGUNG EINES EIGENEN MEILENSTEINPLANS

Zudem kontraproduktiv ist eine nicht ausreichende Vorbereitung Ihrer Vorgehensweise.

Ihre Mitarbeiter können nur dann Ihre Ziele erfüllen, wenn Sie selbst wissen, was und wie Sie Ihre eigenen Ziele erreichen möchten. Ohne einen Plan agieren Sie blind und machen gleiche Fehler mehrfach. Zudem gelingt es Ihnen ohne Plan schlecht, die richtigen Schritte nacheinander zu gehen und Sie verlangen vielleicht schon zu früh zu viel. Hierzu eignet es sich, dass Sie sich einen eigenen individuellen Plan für Ihre ersten 100 Tage als Führungskraft erstellen und anhand dessen kleine Etappenziele feiern. Beispiele hierzu folgen im weiteren Teil des Ratgebers.

ENTSCHEIDUNGEN VORGEBEN UND ÜBERBETONUNG DER CHEFROLLE „ICH BIN JETZT DER CHEF"

Achten Sie in dem Umgang mit Ihren Mitmenschen darauf, Ihre Position und Ihre Rolle nicht zu sehr zu betonen und auszunutzen. Lassen Sie nicht immer nur "den Chef raushängen", sondern bleiben Sie offen für die Vorschläge der Mitarbeiter und kommen Sie diesen, wenn es die Situation zulässt, entgegen.

Beziehen Sie die Arbeitskollegen aktiv in Ihre Entscheidungsprozesse, wenn diese das ganze Team betreffen, mit ein, soweit dies möglich ist.

Fragen Sie interessiert und ehrlich nach deren Ideen und Veränderungsvorschlägen und seien Sie diesen offen gegenüber. Schmettern Sie nicht jede Idee gleich ab und geben nicht Sie nur einen richtigen Weg vor, wie es gemacht wird. Sie müssen sich nicht die ganze Arbeit allein machen und alle Probleme selbst lösen, außerdem werden die Veränderungsprozesse besser umgesetzt, wenn die Lösung von den Mitarbeitern kommt, wie von Ihnen in der Chefrolle vorgegeben wird.

Geben Sie Ihre Ideen und Lösungsvorstellungen

immer erst am Ende nach allen anderen preis. So ergreifen auch die sonst ruhigeren Mitglieder mal ihre Chance. Sprechen Sie Ihre Lösung gleich zu Beginn aus, wird es passieren, dass sich anschließend keiner mehr traut, seine Vorstellungen zu äußern.

Wenn Sie ein sehr dominanter Typ sind und dazu neigen, schnell auf den Punkt zu kommen, kann es auch hilfreich sein, nach der Erläuterung der Fragestellung aus dem Meeting herauszugehen und die Gruppe die Erarbeitung der Lösung zuerst allein zu überlassen.

Sie werden positiv überrascht über die Festigung des Teams und deren Ideen sein.

Seien Sie dann bei der Vorstellung der erarbeiteten Ideen einsichtig und schließen Sie in bestimmten Bereichen Kompromisse. Sie können dann dabei zusehen, wie dies die gemeinsame Zusammenarbeit stetig verbessert.

Was zeichnet eine erfolgreiche Führungskraft aus?

Eine gute Führungskraft zeichnet sich neben der Anwendung des individuell passenden Führungsstils durch verschiedene Verhaltensmerkmale aus:

EMPATHIE

Die Grundvoraussetzung jeder guten Führungskraft ist eine große Empathie, die den Mitarbeitern entgegengebracht wird. Ohne das notwendige Einfühlungsvermögen gelingt es Ihnen als Chef nicht, die für Sie so wichtigen Mitarbeiter richtig zu verstehen und diese dazu zu bewegen, Ihre Anforderungen zu erfüllen.

Es ist wichtig, dass Sie den Mitarbeitern auf Augenhöhe begegnen und diese immer respektvoll behandeln. Nur so gelingt ein gutes Vertrauensverhältnis zwischen Vorgesetzten und Angestellten. Die Mitarbeiter müssen merken, dass die Führungskraft deren Anliegen und Probleme ernst nimmt und mit ihnen gemeinsam eine Lösung findet, um Situationen zu verändern und zu verbessern.

Auch bei Fehlern muss das Vertrauen groß genug sein, diese der Führungskraft einzugestehen. Um dieses Vertrauen aufzubauen, müssen Sie als Führungskraft eine ausgeprägte Kommunikationsfähigkeit mitbringen, um auch in schwierigen Situationen treffende Worte zu wählen und nicht durch unüberlegtes Reden das Vertrauensverhältnis zu zerstören. Zudem ist eine gute Kommunikation auch von Vorteil, wenn es darum geht, dem Mitarbeiter die zu erfüllenden Ziele nahezubringen.

Durch eine positive und bedachte Formulierung steht oder fällt die Motivation des Mitarbeiters.

VERTRAUEN

Wenn der Mitarbeiter Fehler oder Probleme anspricht, muss man als Führungskraft offen zuhören, darf jedoch mit keinem anderen Teammitglied darüber sprechen.

Ganz nach der Devise "Reden ist Silber und Zuhören ist Gold" muss der Mitarbeiter immer das gute Gefühl haben, dass das Anvertraute auch bei Ihnen als Führungskraft bleibt.

Wenn die Angelegenheit ernste z. B. gesundheitliche Probleme in Form von Burn-out abzeichnen, ist es jedoch gleichzeitig Ihre Aufgabe, den richtigen Zeitpunkt zu erkennen, um einen Außenstehenden des Unternehmens einzuweihen.

Erfolgt diese Weitergabe zu früh, kann das Vertrauensverhältnis für immer gestört sein. Erfolgt es zu spät, entstehen unter Umständen irreversible, gesundheitliche Folgen für den Mitarbeiter, welche von Ihnen vermieden werden müssen. Sie sind für Ihr Team verantwortlich, hierzu gehört ganz besonders, dass die

Teammitglieder gesund bleiben!

STÄRKEN ERKENNEN UND STÄRKEN

Zudem zeichnet eine gute Führungskraft aus, dass sie die Stärken und Schwächen der einzelnen Mitarbeiter des Teams erkennt und diese gewinnbringend einsetzt.

Dabei spielt das Thema Mitarbeiterentwicklung eine wichtige Rolle, welche Sie als gute Führungskraft ernst nehmen müssen für den langfristigen Erfolg Ihres Unternehmens. Denn, wenn zu Beginn viel Zeit und Arbeit in einen neuen Mitarbeiter gesteckt wird, profitiert das Unternehmen langfristig von dessen Wissen und den vertrieblichen Abschlüssen.

Ziel ist es, die Stärken der Mitarbeiter weiter zu stärken und die vorhandenen Schwächen im Laufe der gemeinsamen Zusammenarbeit weiter zu schwächen. Um die Stärken der Mitarbeiter zu stärken, ist es notwendig, Aufgaben und Verantwortungen zu delegieren. So entsteht ein großes Teamgefühl bei jedem einzelnen Mitarbeiter, welches uner–lässlich für eine erfolgreiche Zusammenarbeit ist. Nur so kann der Mitarbeiter selbst wachsen und sich entwickeln. Bekommt dieser immer nur die gewohnten Aufgaben übertragen, von denen Sie wissen, dass er diese blind beherrscht, kann dieser nicht wachsen und seine Kompetenzen nicht erweitern.

LOBEN UND ERMUTIGEN

Lob darf bei der täglichen Arbeit nicht unterschätzt werden. Heutzutage arbeiten leider viele Unternehmen und Führungskräfte nach dem Motto "Nicht gemotzt, ist Lob genug".

Leider hat sich diese Devise in den Köpfen vieler Vorgesetzten festgesetzt. Gerade aus eigenen Erfahrungen kann ich Ihnen den Tipp mitgeben, dass die Mitarbeiter jedoch nichts so sehr motiviert und beflügelt wie ein ehrlich ausgesprochenes Lob der Führungskraft.

Die Wertschätzung steigt enorm und der Mitarbeiter wird alles versuchen, um schnell ein nächstes Lob abzuholen. Daher wird dieser immer bessere Leistungen bringen und versuchen, die an ihn erwarteten Anforderungen immer voll bzw. sogar überzuerfüllen.

Daher stellt ein Lob die beste Motivation für Mitarbeiter dar. Wenn die Leistung der Mitarbeiter noch nicht ganz zufriedenstellend ist, Sie aber erkennen, dass er auf einem guten Weg ist, ermutigen Sie diesen, an der Sachen dranzubleiben und weiterzumachen. Ermutigend zu führen, können Sie lernen, die Grundlage für diese Fähigkeit ist jedoch, dass Sie sich auch selbst ermutigen können.

Als Führungskraft haben Sie nicht immer nur positive und mutige Gedanken, sondern auch Selbstzweifel bleiben nicht aus.

Ihre Selbstermutigung zu stärken, gelingt durch die Beantwortung der nachfolgenden Fragen.

• Was finden Sie an sich gut?

• Was gefällt Ihnen an Ihrer Art am besten im Umgang mit anderen Menschen?

• In welchen Bereichen haben Sie sich bereits verbessert?

• Aufgrund welcher Ihrer Stärken stehen Sie heute da, wo Sie stehen?

Zu Beginn wird es Ihnen schwerer fallen, auf diese Fragen passende Antworten zu finden. Durch Wiederholen der Fragen und Antworten nach mehreren Wochen werden Sie allerdings merken, dass Ihnen die Antworten immer klarer werden und einfacher fallen.

GEGENSEITIG RESPEKTIEREN UND WERTSCHÄTZEN

Verhalten Sie sich in jeder Situation, die Sie bei der Arbeit wie auch im Privaten erleben, immer respektvoll und wertschätzend Ihren Mitmenschen gegenüber.

Jeder hat immer einen Grund, aus dem er handelt, und dieser Grund muss nicht immer für Sie nachvollziehbar sein.

Trotz allem dürfen Sie sich nie abwertend gegenüber einem Mitarbeiter verhalten. Sie müssen die Ängste und Erwartungen Ihrer Mitarbeiter immer ernst nehmen. Sonst ist Ihr Vertrauensverhältnis langfristig gestört und kann nur schwer wieder aufgebaut werden. Nur, wenn Sie selbst Ihren Mitarbeitern mit Respekt begegnen und diese respektvoll behandeln, können Sie auch erwarten, dass diese Ihnen den gewünschten Respekt entgegenbringen. Wenn Ihnen ein gutes Arbeitsklima wichtig ist, ist der Respekt eine zwingende Voraussetzung, um das Team erfolgreich zu führen. Nachfolgend erhalten Sie einige Hinweise, die Ihnen helfen, sich Respekt in Ihrem Team zu verschaffen:

1. Respekt erhalten Sie nur, wenn Sie auch Ihrem

Gegenüber Respekt zeigen. Dies gelingt Ihnen, wenn Sie jedem Mitmenschen auf Augenhöhe begegnen und deren Sorgen ernst nehmen.

2. Teilen Sie auch Schwierigkeiten Ihrem Team mit und machen Sie keine unglaubwürdigen Versprechungen, die Sie nicht einhalten können.

3. Nutzen Sie Kritik positiv für sich. Gerade, wenn Sie neu auf einer Position sind, können Sie viele Strukturen noch nicht kennen. Fragen Sie Ihr Team und geben Sie Ihre Unwissenheit preis.

ERWARTUNGEN VORLEBEN

Für die Mitarbeiter ist es enorm wichtig, dass diese nachvollziehen und erkennen können, dass Ihre geforderten Erwartungen erfüllbar sind. Daher schaffen Sie es als gute Führungskraft am schnellsten, Ihr Team davon zu überzeugen, indem Sie durch eigene Handlungen selbst vorleben, wie gesteckte Ziele erreicht werden können.

Man agiert als Vorbildfunktion und die Mitarbeiter schauen sich die Erfolgsrezepte ab. Hierzu gehört eine große Selbstdisziplin, die sich aber schon nach kurzer Zeit auszahlen wird.

Selbstführung ist eine wesentliche Führungskompetenz. Diese Fähigkeit ist Voraussetzung für die Führung anderer Personen. Wer selbst nicht als Vorbild geeignet ist, keine Ziele hat oder seine Ziele nicht systematisch und organisiert erreicht, wird schwer Akzeptanz und Erfolg als Führungskraft finden.

Besonders wichtig hierbei ist eine ausgeprägte fachliche Kenntnis in allen relevanten Bereichen des Unternehmens. Nur, wenn Sie eine breit gefächerte Kenntnis vorweisen und einsetzen können, sehen Ihre Mitarbeiter Sie als Vorbild und kommen gern für Hinweise und Anregungen zu Ihnen.

DISTANZ

Trotz des gewünschten harmonischen Umgangs untereinander ist eine gewisse Distanz zwischen Führungskraft und den Mitarbeitern zwingend notwendig. Tappen Sie nicht in die Beliebtheitsfalle und verschaffen Sie sich Respekt und Anerkennung durch faires, transparentes und ehrliches Handeln.

Grenzen müssen daher ebenfalls zu Beginn der Zusammenarbeit klar aufgezeigt werden und Sie dürfen Kleinigkeiten nicht dulden. Vergessen Sie nicht, Sie stehen mit Ihren Anforderungen gegenüber dem Team vorerst allein dar. Wenn sich diese miteinander gegen Sie verbünden, hat man als Führungskraft wenige Chancen, um dagegen anzukommen.

Wichtig ist dieser Punkt gerade, wenn Sie aus dem bestehenden Team in die Führungsrolle aufsteigen, dann ist zunächst Abstand angesagt!

Bedenken Sie diesen Punkt auch, wenn Sie Ihren Mitarbeitern das "Du" anbieten.

Hier rate ich Ihnen, diese Entscheidung nicht vorschnell zu treffen oder gar auszusprechen.

Selbstverständlich ist es aktuell bei vielen modernen Unternehmen üblich, dass sich die komplette Firma duzt, von der unteren bis zur obersten

Hierarchie. Ist dies in Ihrem Unternehmen jedoch nicht klar von der Leitung vorgegeben und es liegt in Ihrer Entscheidung, wer Sie duzt und wer Sie siezt, denken Sie ausgiebig über diese Entscheidung nach.

Es ist immer schwieriger, einem Mitarbeiter klare Anweisungen zu geben, wenn das Verhältnis zu freundschaftlich ist. Diesen Vorteil kann der Mitarbeiter schnell ausnutzen. Zudem kann den restlichen Mitarbeitern leicht vermittelt werden, dass dieser besagte Kollege, der Sie duzen darf, im Vorteil ist.

Schnell kommt der Eindruck auf, dass Sie diesen dann entweder tatsächlich bevorzugen oder Sie übertragen ihm mehr Aufgaben wie den anderen Mitarbeitern, nur in der Hoffnung, dass unter keinen Umständen bei den anderen Kollegen dieser Eindruck aufkommt.

Auch, wenn es Ihnen schwerfallen wird, gerade als junge Führungskraft, wenn Sie auch junge Mitarbeiter führen müssen; es schwenkt das geschäftliche Verhältnis schneller in eine freundschaftliche Basis um. Zudem dürfen Sie sich nicht verunsichern lassen, da Ihr komplettes Team sich untereinander wahrscheinlich ebenfalls komplett duzt und nur Sie davon ausgenommen sind. Aber genau das führt zu der notwendigen Distanz zwischen dem Team und Ihnen und ist gewünscht. Sie müssen dies nur korrekt einordnen und lernen, damit umzugehen. Sie wissen zwar über alle Vorgänge im Team Bescheid, sind aber nicht bei jedem Treffen dabei.

Kurzum: Es macht Ihren Arbeitsalltag nicht einfacher, wenn Sie sich dazu entscheiden, einem Ihrer vertrauten Mitarbeiter das Du anzubieten.

Wenn Sie die Angelegenheit gut durchdacht haben, das Team sich bereits gut zusammengefunden und länger miteinander gearbeitet hat und Sie sich der Sache sicher fühlen, dann bieten Sie allen Kollegen gleichzeitig das Du an und stellen diese somit auch alle gleich.

Das Anbieten des Du des Vorgesetzten vermittelt bei dem Mitarbeiter eine enorme Wertschätzung. Setzen Sie diese Macht also gezielt und gewissenhaft ein.

HÖFLICHKEIT UND FAIRNESS

Eine weitere Eigenschaft, die Sie als Führungskraft mitbringen müssen, ist Höflichkeit und Fairness gegenüber Ihren Mitmenschen. Egal, was vorfällt oder wie stressig die Situation ist, Sie dürfen sich nicht unfair verhalten und ggf. einen Mitarbeiter einem anderen bevorzugen.

FREUDE AM JOB

Ohne wahre Freude an der Arbeit und an Ihrem Job wird es Ihnen nie richtig gelingen, andere Kollegen für die Arbeit und das Tun zu bewegen. Strahlen Sie Selbstbewusstsein aus und zeigen Sie den anderen, dass Sie gern zur Arbeit kommen und das lieben, was Sie machen. Auch, wenn es mal bessere und mal schlechtere Tage gibt.

Nur, wenn Sie selbst zufrieden sind, können Sie das auch ausstrahlen und vor allem erfolgreich auf Ihr Team übertragen.

OFFEN UND KRITIKFÄHIGKEIT

Nichts macht Sie sympathischer, als eigene Fehler und Schwächen gegenüber den Kollegen preiszugeben und eingestehen. Hier sollten Sie darauf achten, dass sich dies im Rahmen hält und nicht jede Ihrer Schwachstellen nach außen getragen wird. Das könnte Sie inkompetent wirken lassen.

Wenn Ihre Mitarbeiter erkennen, dass auch Sie nicht vollkommen sind und Fehler zugeben, fällt es diesen auch leichter, ihre Fehler einzugestehen.

Bitten Sie die Kollegen aktiv um Mithilfe, gerade, wenn Sie neu auf einer Führungsposition sind. Sie werden sehen, es bewirkt Wunder, wenn Sie auf die Meinung der Kollegen Wert legen und die Offenheit ausstrahlen, an Ihrem Verhalten auch arbeiten zu wollen.

Ein guter Umgang mit Kritik muss gelernt sein, also lassen Sie sich bitte nicht entmutigen, wenn Sie Hinweise der Kollegen bekommen. Verlieren Sie nie Ihr Ziel aus den Augen, langfristig das Beste mit Ihrem Team für Ihr Unternehmen erreichen zu wollen.

NEHMEN SIE SPANNUNGEN NICHT PERSÖNLICH

Es ist der falsche Weg, Konflikten oder Unstimmigkeiten aus dem Weg zu gehen und diese unausgesprochen zu lassen, nur um eine unangenehme Stimmung zu vermeiden. Manche Punkte müssen Sie als Führungskraft definitiv ansprechen, also meiden Sie diese nicht. Das belastet Sie nur zusätzlich.

AUTHENTISCH / DEM EIGENEN STIL TREU BLEIBEN

Am besten folgen Ihnen Ihre Mitarbeiter, wenn Sie nicht zwanghaft versuchen, Ihre Persönlichkeit zu verändern, sondern wenn Sie neben der Beachtung aller Hinweise Ihrem eigenen Stil treu bleiben und diesen authentisch vermitteln.

Nur, wenn Sie glaubhaft sind und sich nicht verbiegen, gelingt es Ihnen, Ihre Unternehmensziele zu erreichen und die Mitarbeiter in die richtige Richtung zu lenken.

Wie Sie sehen, bringt der Arbeitstag einer guten Führungskraft etliche Facetten mit sich und wird nie wie der Tag zuvor.

Alle Menschen sind Individuen, die dies auch bleiben müssen. Wenn man mit Menschen zusammenarbeitet, muss man die Offenheit mitbringen, jeden Tag etwas dazuzulernen und an seiner eigenen Person zu arbeiten, nur so gelingt es Ihnen, als gute Führungskraft täglich noch besser zu werden.

Die eigene Persönlichkeit der Führungskraft hat hierbei eine entscheidende Bedeutung und Sie sollten sich in dieser Rolle wohlfühlen. Die einzelnen Merkmale, welche eine gute Führungskraft auszeichnen, können Sie nach und nach erlernen.

Neben den verschiedenen genannten Merkmalen, die Sie als Führungskraft mitbringen sollten, gibt es zudem verschiedene Führungsstile, nach welchen Sie als gute Führungskraft agieren können.

Der richtige Führungsstil als Voraussetzung zum Erfolg

Der Führungsstil bezeichnet das Verhalten einer Führungskraft und bringt damit die Grundeinstellung dieser gegenüber der Mitarbeiter zum Ausdruck.

Innerhalb verschiedener Unternehmen und Branchen gibt es eine große Bandbreite von sehr lockeren bis hin zu ganz autoritären Führungsstilen. Ihr gewählter Führungsstil hat einen erheblichen Einfluss-faktor auf den Erfolg eines Unternehmens, daher rücken Führungskräfte und deren Führungsstil immer mehr in den Fokus.

Unterschiedliche Situationen und Personen erfordern von Ihnen ein unterschiedliches Führungsverhalten. Einen allgemeingültigen Führungsstil gibt es daher nicht.

Zum einen gibt es die Möglichkeit, Mitarbeiter unter einem charismatischen Führungsstil zu leiten.

Hier besitzen Sie als Vorgesetzter eine sehr starke persönliche Ausstrahlung. Dank Ihrer Aura als Leitfigur motivieren Sie die Angestellten nebenbei zu guten Leitungen.

Zum anderen gibt es den bürokratischen Führungsstil. Hier leitet sich der Führungsanspruch aus den bürokratischen Regeln ab. Die Funktion ist nicht direkt an den Vorgesetzten gebunden, sondern auf Zeit verliehen und übertragbar. Alles wird von Strukturen und Vorschriften geregelt. Die Flexibilität der Mitarbeiter wird kleingeschrieben.

Auch der patriarchische Führungsstil wird heutzutage vor allem in Familienbetrieben noch immer angewandt. Dieser zeichnet sich dadurch aus, dass Sie als Führungskraft die autoritäre Person des

Unternehmens darstellen. Ihren Respekt haben Sie sich durch Ihre jahrelange Berufserfahrung und Ihrem großen Wissen verdient.

Der Laissez-faire-Führungsstil bedeutet wiederum, dass diese Führungskraft seine Mitarbeiter in jeglichen Angelegenheiten ohne Einschränkungen gewähren und laufen lässt. Sie gehen hier ganz auf die Selbstständigkeit Ihrer Mitarbeiter ein und geben den Mitarbeitern viel Gestaltungsspielraum. Die Aufgaben stellen Sie als Vorgesetzter selbst und geben die Ziele vor, die Durchführung ist dann frei zu gestalten.

Der Stil, welcher seit Jahrzehnten in etlichen Unternehmen gelebt wurde, ist der autoritäre Stil. Der Klassiker seit der Industrialisierung zeichnet sich aus durch eine klare Trennung zwischen Ihnen als Vorgesetztem, welcher alle Entscheidungen leitet, delegiert und kontrolliert, sowie den Mitarbeitern, welche diese mit bedingungslosem Gehorsam ausführen ohne Widerspruch oder Kritik zu äußern.

Der Vorteil besteht in einer absoluten Kontrolle über alle Vorgänge, wodurch eine schnelle Handlungs- und Entscheidungsfähigkeit durch die Führungskraft getätigt werden kann. Führungskräfte mit der Tendenz zu autoritärer Führung sind in der Regel fachlich sehr kompetent und ehrgeizig im Erreichen der eigenen sowie den Unternehmenszielen. Nachteilig an diesem Führungsstil ist jedoch, dass dieses Verhalten die Mitarbeiter demotiviert. Sie erkennen keine Notwendigkeit und keinen Nutzen darin, sich eigene Gedanken über ihre Arbeit oder Geschäftsprozesse zu machen, um selbst aktiv zu werden.

Fehlender Austausch und Kreativität führen zu starren Arbeitsabläufen. Da die Mitarbeiter keine Entscheidungen treffen können, entsteht das große Problem, dass die Arbeit bei Abwesenheit des Vorgesetzten nicht fortgeführt werden kann.

Bei Fehlentscheidungen der Mitarbeiter werden diese bestraft, anstatt zu helfen. Die Folge hieraus ist ein distanziertes Verhältnis zwischen der Führungskraft und den Teammitgliedern.

Dieser autoritäre Führungsstil, welcher vor wenigen Jahren noch gelebt wurde, wird heute infrage gestellt. Die Werte der einzelnen, verschiedenen Generationen im Team müssen geachtet und geschätzt werden, denn die Vielfalt und der Generationenunterschied waren noch nie so groß wie in der heutigen Zeit. Daher ist eine Abstufung dieses bisherigen Führungsstils unumgänglich.

Um langfristig die Unternehmensziele zu erreichen, rückt eine Mischung aus dem kooperativen sowie situativen Führungsstil in den Fokus einer Vertriebsführungskraft.

Der autoritär geführte Mitarbeiter wandelte sich innerhalb der vergangenen Jahre zum selbst motivierten, leistungsfähigen Mitarbeiter, der nicht nur arbeitet, um Geld zu verdienen, sondern auch, um sich zu verwirklichen.

Die Kernbotschaft des kooperativen Führungsstils zeichnet sich dadurch aus, die Mitarbeiter in aktuelle Themen und Entscheidungen einzubeziehen.

Um zukünftig die Motivation der Mitarbeiter zu fördern und deren Leistungen und Ideen anzuerkennen, erwartet er von diesen eine sachliche Unterstützung bei der Entscheidungsfindung und heißt konstruktive Diskussionen willkommen. Daher können sich die Mitarbeiter mit dem Unternehmen besser identifizieren. Bei Fehlern wird in der Regel nicht bestraft, sondern geholfen. Bei diesem kooperativen Führungsstil liegt der Vorteil eindeutig auf der hohen Motivation der Mitarbeiter durch die freie Entfaltung ihrer Kreativität, die Förderung ihrer Leistungsfähigkeit und einer höheren Selbstständigkeit. Durch eine Entlastung des Vorgesetzten wird das Risiko von Fehlentscheidungen für das Unternehmen minimiert. Das Arbeitsklima ist durch die offene Kommunikation meistens angenehm, dies erzielt gute Geschäftsergebnisse.

In Kombination mit dem kooperativen Führungsstil steht der situative Führungsstil.

Das Grundprinzip des situativen Führungsstils besagt, dass jeder einzelne Mitarbeiter nach seinem individuellen Reifegrad geführt werden muss, um seine Potenziale optimal für das Unternehmen einzubringen. Hier ist bei jedem Mitarbeiter ein anderes Verhalten des Vorgesetzten Erfolg versprechend. Die Führungskraft verfolgt nicht innerhalb eines Teams den gleichen Stil, sondern passt diesen auf den jeweiligen Reifegrad des Mitarbeiters individuell an.

Hieraus ergeben sich vier verschiedene Reifegrade des Führens:

REIFEGRAD 1: DIKTIEREN

Dieser Führungsstil muss innerhalb einer Gruppe bei frisch Ausgelernten oder Neueinsteigern angewandt werden. Hier gibt die Führungskraft genaue Anweisungen und überwacht deren Leistungen und Ergebnisse. Die Mitarbeiter bringen eine niedrige Reife mit.

REIFEGRAD 2: ARGUMENTIEREN

Hat sich der Mitarbeiter weiterentwickelt zu einer geringen bis mäßigen Reife, ist es empfehlenswert, wenn Sie als Vorgesetzter einen stark mitarbeiter- und aufgabenbezogenen Führungsstil gleichermaßen anwenden.

Es kommt darauf an, diesen Mitarbeiter zu überzeugen. Dies gelingt Ihnen, indem diesen Mitarbeitern Ihre getroffenen Entscheidungen umfangreich erklärt werden, damit diese nachvollzogen werden können und der Mitarbeiter hinter diesen steht.

REIFEGRAD 3: PARTIZIPIEREN

Bei Mitarbeitern mit mäßiger bis hoher Reife sollten Sie als Vorgesetzter stark mitarbeiterbezogen und gleichzeitig weniger aufgabenbezogen führen und diese Kollegen an der Zielsetzung oder an Entscheidungen beteiligen. Die Mitarbeiter in diesem Reifestatus bekommen von der Führungskraft Ideen mitgeteilt und die Möglichkeit übertragen, eigene Entscheidungen zu treffen.

REIFEGRAD 4: DELEGIEREN

Die Verantwortung zur Entscheidungsfindung und Durchführung wird von der Führungskraft auf einen Mitarbeiter mit diesem sehr hohen Reifegrad übertragen. Diese benötigen weder eine besondere Zuwendung durch den Vorgesetzten noch detaillierte Vorgaben bezüglich ihrer Aufgaben und ihres Verhaltens. Ist ein Mitarbeiter an diesem Reifegrad angekommen, sollten Sie als Führungskraft Verantwortung auf diesen delegieren.

Der situative Führungsstil bedient sich also, je nach Situation, aus einzelnen Elementen des kooperativen Führungsstils. Der Vorteil liegt hier eindeutig darin, die Fähigkeiten der Mitarbeiter je nach Anforderung umfassend zu nutzen und zu erweitern.

Die Herausforderung für Sie als Führungskraft besteht darin, mit Sachverstand, Menschenkenntnis und Einfühlungsvermögen festzustellen, welche Führungsstile die Mitarbeiter gerade benötigen und welche die aktuelle Situation verlangt.

Zusammenfassend ist es das Wichtigste, die vorhandenen Stärken der eigenen Mitarbeiter zu erkennen, diese durch Verantwortungsübertragung zu einem Team zu verflechten und dadurch den bestmöglichen Fortschritt und Erfolg für das Unternehmen zu generieren. Starke Hierarchien und starre, verallgemeinerte Führungsstile gelten in dieser vernetzten Welt als veraltet.

Merkzettel: Die 10 hilfreichsten Tipps für Führungskräfte auf einen Blick

1. Machen Sie nicht den Führungsstil anderer Führungskräfte nach – bleiben Sie Ihrem eigenen Stil treu.

2. Treffen Sie keine vorschnellen Entscheidungen in den ersten Wochen und kündigen Sie dies auch an.

3. Loben Sie ausreichend, aber in Maßen.

4. Delegieren Sie die Lösung von Fachaufgaben, soweit es möglich ist und konzentrieren Sie sich auf Ihre Führungsaufgaben.

5. Vergessen Sie nicht, dass bestimmte Punkte, wie zum Beispiel die zu erfüllenden Ziele, nicht mit dem Mitarbeiter diskutierbar sind. Diskutieren Sie hingegen darüber, wie diese erreicht werden.

6. Kritik lässt Ihre Leistungen und Ihre Persönlichkeit wachsen. Nehmen Sie also begründete Hinweise nicht falsch auf, sondern machen Sie das Beste daraus.

7. Sie sind nicht der beste Freund der Mitarbeiter, achten Sie auf eine angemessene Distanz, um den Respekt nicht zu verlieren.

8. Vergeben Sie sparsam und nur gut durchdacht das "Du".

9. Leben Sie die Erwartungen, die Sie an Ihr Team stellen, aktiv vor und zeigen Sie selbst, dass diese realisierbar sind.

10. Stärken Sie die Stärken und schwächen Sie die Schwächen der Mitarbeiter.

Die ersten 100 Tage als Führungskraft

Einen ersten Eindruck können Ihre neuen Kollegen nur ein einziges Mal von Ihnen gewinnen. Dieser Eindruck prägt und bleibt in Erinnerung, daher ist es wichtig, schon von Anfang an No-Gos zu vermeiden.

Eine ausführliche Vorbereitung Ihrer ersten hundert Tage als Führungskraft unterstützt Sie dabei, das Gleichgewicht zwischen Zuhören und Aufnehmen, aber auch Strukturierung und Orientierung zu finden.

Die ersten hundert Tage setzen sich aus drei etwa gleich langen Zeiträume zusammen. Informieren Sie sich zu Beginn über die aktuelle Ausgangssituation, priorisieren Sie anschließend Ihre Feststellungen und gehen im letzten Schritt in die Umsetzung Ihrer Pläne.

Nehmen Sie diese Herausforderung an und meistern Sie diese!

1. PHASE: INFORMATION ÜBER DIE SITUATION SCHAFFEN

Woche 1 – 4
Tag 1:

Der erste Tag auf einer neuen Position. Sie sind sehr aufgeregt, was auch gut ist. Ihr neues Team aber auch, vergessen Sie das nicht. Denn auch auf die Mitarbeiter kommt eine neue, ungewisse Zeit und Veränderungen zu.

Vielleicht sind Ihnen die Kollegen bereits aus dem Unternehmen bekannt, vielleicht lernen Sie heute einige neue Menschen kennen. Freuen Sie sich darauf.

Heute ist es nur wichtig, dass Sie einen sympathischen ersten Eindruck zu hinterlassen, denn dies ebnet den weiteren gemeinsamen Weg. Sie wissen ja, innerhalb weniger Millisekunden entscheiden Menschen darüber, ob man dem Gegenüber sympathisch ist. Dies ist Ihr einziges Ziel des ersten Arbeitstages als Führungskraft.

Viel Einfluss haben Sie hier leider nicht direkt darauf. Aber zumindest indirekt gibt es ein paar Hilfestellungen, die dazu beitragen können.

Der erste Punkt beginnt bereits an diesem Morgen zu Hause bzw. am Vorabend des ersten Arbeitstages. Werfen Sie sich an Ihrem ersten Tag als Führungskraft in Ihre schönste, aber auch bequemste Kleidung. Welcher Ihrer Anzüge oder welches Kleid passt Ihnen am besten? Welches Outfit vermittelt ein seriöses Aussehen und entspricht Ihrer neuen Position? Vielleicht ist es auch notwendig, Ihren Kleidungsstil auf die neue Position im Vorfeld aufzurüsten.

Durch ein bequemes Outfit, dass gut sitzt, verhindern Sie, dass Sie den ganzen Tag über daran herumspielen, was Sie zusätzlich nervös wirken und werden lässt.

Wenn Sie den Raum betreten, wirken Sie in einem großartigen Anzug oder einem großartigen Kleid viel selbstbewusster und strahlen dies auch aus.

Tipp: Bei Frauen eignen sich auch immer etwas höhere Absatzschuhe. Die Absatzhöhe sollte jedoch nicht zu hoch sein, um nicht einen falschen, billigen oder dummen Eindruck zu vermitteln, welchen Sie nicht darstellen wollen.

Trotzdem ist die Haltung bei Frauen mit Absatzschuhen viel besser und selbstsicherer im Vergleich zu flachen Schuhen.

Lassen Sie sich auch gern hierzu in einem Schuhgeschäft beraten, diese können Ihnen genau sagen, welcher Absatz für Ihre Figur und Ihre ausgewählte Kleidung am vorteilhaftesten ist.

Gleiches gilt bei Frauen auch bei der Wahl des Makeups. Seien Sie auch hier sparsamer und übertreiben Sie es nicht. Kräftige Lippen oder Nägel sind an Ihren ersten Tagen nicht angebracht. Halten Sie sich mit knalligen Farben zurück und wählen Sie gedeckte Nuancen, um zu vermeiden, dass Sie billig wirken.

Ihre Haare sollten Sie geschlossen und geordnet tragen, immerhin gehen Sie nicht auf eine Party.

Im Unternehmen angekommen findet am ersten Tag das erste Kennenlernen statt. Es ist ratsam, direkt morgens eine kleine Teamrunde zu gestalten, in der Ihre erste Vorstellung stattfindet, denn auch die Mitarbeiter sind sehr neugierig auf ihren neuen Vorgesetzten. Zudem könnte der falsche Eindruck erweckt werden, warum Sie vor Ihrer offiziellen Vorstellung schon mit der einen Person oder einem anderen Bereich gesprochen haben.

Bereiten Sie sich hierauf im Vorfeld mit Worten über Sie selbst vor. Das gibt Ihnen Sicherheit und lässt Sie souverän wirken, genau das ist der Eindruck, den Sie vermitteln wollen.

Verfassen Sie bereits einige Tage zuvor Ihre Antrittsrede, in der Sie die wichtigsten Eckpunkte über Ihre Person nennen. Zudem wird es auch als hilfreich empfunden, wenn Sie bereits erwähnen, was zu Ihren Stärken und Schwächen gehört. Ihre Rede dient zur Orientierung der Mitarbeiter und für das gesamte Team. Geben Sie aber nur so viel über sich preis, wie Ihnen selbst recht ist. Bauen Sie auch einen Witz, Ihr Lieblingssprichwort oder Lebensmotto ein und gestalten Sie Ihre Vorstellung vor allem locker. Daher rate ich Ihnen, Ihre Punkte auch auswendig zu lernen und vorzutragen, mit einem Zettel, von dem Sie ablesen, gestaltet sich die eigentlich lockere Vorstellung schnell steif und streng, das sollten Sie vermeiden.

Planen Sie für Ihre Worte etwa 20 bis 30 Minuten Redezeit ein und prüfen und üben Sie die Länge Ihres Redeanteils vorab mehrfach, indem Sie Ihre Worte laut vorsprechen.

Strahlen Sie während Ihrer Rede Ruhe aus und achten Sie darauf, deutlich, nicht zu schnell und nicht zu langsam zu sprechen.

Achten Sie auch auf Ihre Körpersprache, denn diese verrät viel mehr über Sie, als Sie glauben. Üben Sie diese daher auch zuvor zu Hause vor dem Spiegel und setzen Sie gerade Ihre Hände so ein, wie Sie sich dabei sicher und wohlfühlen. Merken Sie sich einen bequemen und offenen Stand und stellen Sie sich gleich zu Beginn Ihrer Rede so hin.

Binden Sie zudem bei Ihren ersten Worten auch einen Zukunftsausblick ein und wie Sie sich die gemeinsame Zusammenarbeit mit Ihrem Team vorstellen. Sprechen Sie bei Ihren Visionen und Zielen immer von „wir" anstatt von „Sie", wenn es um gemeinsame Teamleistungen geht.

Folgende Punkte können Inhalt der ersten Vorstellung sein:

• Preisgabe der eigenen Empfindung:
Beginnen Sie die Vorstellung ruhig damit, dass Sie nervös sind, sich die letzten Tage Gedanken machten oder stellen Sie die offene Frage, ob sich Ihre Kollegen noch an das Gefühl an ihrem ersten Tag im neuen Unternehmen erinnern können.

• Persönliche Vorstellung von Name, Alter, Familien-
stand, Kinder, Hobbys

• Bisheriger Werdegang und berufliche Erfahrungen:
Wie sind Sie zu Ihrem Beruf gekommen? Üben Sie die
Tätigkeit schon lange aus? Wieso haben Sie gerade für
diese Tätigkeit eine Leidenschaft? Was fasziniert Sie
gerade an Ihrem Beruf?

• Ihre stärkste Stärke und nur eine leichte Schwäche

- Zukunftsausblick:

Dieser sollte für die Mitarbeiter attraktiv und vor allem erreichbar sein. Wo sehen Sie sich und das Team in 5 Jahren? Wo wollen Sie mit Ihren Mitarbeitern hin? Welche Schwerpunkte setzen Sie? Wie viel Veränderung kommt auf die Mitarbeiter zu?

- Erwartungen an das gemeinsame Miteinander:

Was ist Ihnen im Umgang besonders wichtig und wie wollen Sie, dass Sie sich gegenseitig behandeln (z. B. respektvolle, ehrliche Zusammenarbeit o. Ä.). Legen Sie hierbei auch bereits offen, wozu die anstehenden Mitarbeitergespräche dienen, die Sie in den kommenden Wochen führen werden. Was Sie hier sagen, müssen Sie auch einhalten, also beschreiben Sie Ihr gewünschtes Miteinander so, wie Sie auch tatsächlich sind, nicht so, wie Sie sein möchten.

- Zum Abschluss eignet sind gut Ihr Lebens- oder Arbeitsmotto, welches Sie als Führungskraft leitet, ein Witz oder Zitat, hinter dem Sie stehen und mit welchem Sie sich identifizieren können.

Vergessen Sie bitte zudem nicht bei all der Aufregung Ihr Lächeln im Gesicht. Bauen Sie Kontakt zu den Kollegen auf und halten Sie die Blicke, dadurch zeigen Sie, dass Sie sich auf den heutigen Tag und das Team gut vorbereitet haben. Gerade dies lässt Sie offen und sympathisch wirken, was das alleinige Ziel des heutigen ersten Tages ist.

Zeigen Sie am Ende Ihrer Vorstellung, dass Sie dem Kommenden offen gegenüberstehen und für jegliche Anregungen der Mitarbeiter offen sind und regen Sie die Kollegen bereits heute zum Mitdenken an.

Erkundigen Sie sich bei Rückfragen auch offen bei Ihren neuen Kollegen, zeigen Sie Interesse an deren Werdegang und deren Vorstellung, wenn es zum intensiven Austausch kommt.

Folgende Punkte sollten Sie während Ihrer ersten Vorstellung vermeiden:

• Geben Sie in Ihrer Rede keinen Hinweis darauf, wenn Ihnen bereits die Stimmung bzw. das Klima innerhalb des Teams bekannt ist und vor allem nicht, was Ihr Eindruck darüber ist.

- Geben Sie an Ihrem ersten Tag keine konkreten Umsetzungspläne, was Sie verändern möchten, dies wäre viel zu früh.

- Nennen Sie keine Ziele, die bereits am ersten Tag alle überfordern.

- Achten Sie darauf, dass Ihre neuen Mitarbeiter nicht den Eindruck bekommen, dass Sie eine "Jetzt komm ich"-Haltung haben und diese durchsetzen möchten.

- Vermeiden Sie überzogene und nicht ernst zu nehmenden Schmeicheleien.

Mit dieser umfangreichen Vorbereitung können Sie die ersten Stunden in Ihrem neuen Unternehmen bereits hervorragend meistern.

Wenn Sie diesen Teil des heutigen Tages geschafft haben, werden Sie merken, fällt Ihre Anspannung massiv ab.

Richten Sie sich anschließend erst einmal in Ihrem neuen Büro ein. Lassen Sie sich alle Räumlichkeiten und Sicherheitshinweise des Unternehmens zeigen und verschaffen Sie sich einen ersten Überblick. Viel Spaß dabei!

Orientieren Sie sich, wenn Sie Feierabend machen, zu Beginn an der Feierabend-Uhrzeit Ihrer Mitarbeiter, verlassen Sie an den ersten Tagen das Unternehmen nicht als Erster.

Tag 2 – 5

Den ersten Tag haben Sie erfolgreich gemeistert. Herzlichen Glückwunsch!

An den weiteren Tagen der ersten Woche sind Sie wahrscheinlich schon etwas entspannter als am Vortag. Sie wissen nun, was und vor allem wer Sie bei der Arbeit erwartet.

Bleiben Sie heute so sympathisch wie am Vortag und knüpfen Sie durch längere Gespräche erste Kontakte. Stellen Sie sich zudem im Laufe der ersten Woche noch allen Personen der Abteilung vor, die am ersten Tag vielleicht nicht anwesend waren. Ihre Rede oder zumindest Bruchteile davon haben Sie sicher noch im Kopf.

Machen Sie sich neben den Menschen auch mit Ihrer Umgebung vertraut, werfen Sie Blicke in die Schränke und verschaffen Sie sich einen Überblick, wo was zu finden ist und wer im Team für welche Aufgaben zuständig ist.

Die Beobachtung und Aufnahme dieser Aspekte

führen Sie in den kommenden Wochen fort.

Woche 2 – 5

Ihre ersten Wochen begrenzen sich in dieser Phase also auf das Orientieren und genaue Beobachten von vorhandenen Prozessen und Personen sowie den Aufbau eines internen Netzwerkes. Dies ist ebenfalls wichtig, wenn Sie bereits als Mitarbeiter vorher im gleichen Unternehmen angestellt waren, denn aus Ihrer neuen Perspektive gibt es andere Dinge zu erfahren.

Ganz nach dem Motto "beobachten, statt handeln" analysieren Sie genau, wie die bisherigen Teamstrukturen sind. Wer hat hier das Sagen, wem folgen die Mitarbeiter und wer geht eher unter bzw. schwimmt einfach mit?

Um die Beobachtungen zu tätigen, eignet es sich gut, sich auch mal außerhalb des eigenen Büros einen Arbeitsplatz für ein paar Tage einzurichten, von dem die Beobachtungen besser gemacht werden können als aus Ihrem geschlossenen Büro. Wichtig ist, die eingespielten und verankerten Strukturen des Teams und der Mitarbeiter in der Praxis zu erleben. Nur durch eine längere Beobachtung können Sie sich hierüber ein umfassendes Bild machen. Eine Momentaufnahme genügt hierfür nicht. Dieses Vorgehen ermöglicht Ihnen auch, bereits einen ersten Überblick über die Stärken und

Schwächen des Teams zu erhalten.

Es eignet sich zudem generell, wenn Sie an den ersten Tagen Ihre Bürotür nicht ständig komplett geschlossen haben.

Eine offene Tür symbolisiert Ihre Offenheit und die Kollegen merken dann, dass Sie zum einen bei Problemen für sie da sind und zum anderen bekommen diese auch den Eindruck, dass Sie mitbekommen, was im Team und bei der Arbeit vor sich geht.

Schließen Sie daher Ihre Tür nur bei Terminen oder wichtigen Telefonaten.

Seien Sie bereits ab dem ersten Tag in der Vorbildhaltung, denn Sie werden genau beobachtet.

Wie ernst Ihnen die Spielregeln, wie Sie miteinander umgehen wollen, sind, stellt sich gegenüber den Mitarbeitern schnell heraus.

Wie wichtig ist Ihnen die Ergebnis- und Kundenorientierung, ein respektvoller Umgang miteinander, Offenheit und Vertrauen? Leben Sie es vor! Verhalten Sie sich hier falsch, ist eine nachträgliche Korrektur oftmals schwer.

Versuchen Sie, folgende Punkte in Ihrem Verhalten zu berücksichtigen:

• *Ihnen ist Vertrauen und Offenheit von den Mitarbeitern wichtig?*

Dann verhalten Sie sich selbst so anhand offener Gespräche und schenken dem Mitarbeiter einen Vertrauensvorschuss. Dann erzählt dieser Ihnen bald von allein alles, was Sie wissen möchten.

- *Ein professioneller Umgang mit Kollegen und Kunden ist Ihnen bei den Mitarbeitern wichtig?*
Leben Sie diesen Umgang mit ihnen aktiv vor und zeigen Sie, was für Erwartungen Sie haben. Ihr Verhalten wird auf diese abfärben und sie orientieren sich daran.

Wichtig in dieser ersten Phase ist es, dass Sie aktiv auf die neuen Kollegen zugehen und Termine für gemeinsame Einführungsgespräche festlegen und einfordern. Sie müssen wissen, was jeder einzelne Mitarbeiter für eine Rolle im Team übernimmt, was jeder leistet und welches Fachwissen jeder mitbringt.

Hören Sie den Mitarbeitern aufmerksam zu, wenn diese erzählen. Fragen Sie in den Einführungsgesprächen nach deren persönlichen Zielen und Erwartungen und lassen Sie sich eine Selbsteinschätzung bezüglich deren Stärken und Schwächen geben. Wer erreicht die Ziele besser als Einzel- und wer besser als Teamplayer?

Diese Faktoren, die Sie durch Beobachtungen und die Gespräche herausfinden sollten, helfen Ihnen dabei, Ihre Strategien umzusetzen und jedes Teammitglied da einzusetzen, wo es die besten Ergebnisse liefert.

Geben Sie auch selbst in dem Einführungsgespräch nochmal eigene Erfahrungen preis und machen Sie sich im Vorfeld Gedanken, was Ihnen an Ihren bisherigen Führungskräften besser und was Ihnen weniger gut gefallen hat. Was wollen Sie von Ihren bisherigen Vorgesetzten übernehmen?

Sie werden überrascht sein, oftmals sind Ihre Vorstellungen die Gleichen, wie die Vorstellungen der Mitarbeiter über eine erfolgreiche Zusammenarbeit mit ihrem Vorgesetzten.

Die Mitarbeiter erkennen durch die aufrichtigen und persönlichen Gespräche ihre Chance, dass sich jetzt etwas zu ihrem Vorteil verändern kann. Nutzen Sie die Chance, deren Wünsche zu einem späteren Zeitpunkt wieder aufzunehmen und einfließen zu lassen. Notieren Sie sich die Ideen und kommen Sie ggf. später wieder darauf zurück.

In einem ersten gemeinsamen Teammeeting eignet sich nachfolgende Übung, um einen Überblick zu erhalten, was die Mitarbeiter für Vorstellungen ihrer idealen Führungskraft haben:

Hierzu bitten Sie die Kollegen, ein Bild

anzufertigen, auf dem sie die Eigenschaften und Verhaltensweisen der idealen Führungskraft abbilden. Anschließend werden die Bilder der einzelnen Mitarbeiter vor der Gruppe vorgestellt.

Sie erhalten hierbei bereits einen guten Überblick, was sich Ihr Team wünscht und was die Teilnehmer in Sachen Mitarbeiterführung prägt und welche vorherigen Erfahrungen diese haben.

Beachten Sie in diesen Wochen, nicht vorschnell zu handeln und Entscheidungen zu früh zu treffen. Die Kollegen könnten versuchen, Ihre Unerfahrenheit auszunutzen und möchten die eigenen Ideen schnell umsetzen. Unter Umständen bereuen Sie diese getroffenen Entscheidungen dann. Daher geht es hier nur um das Beobachten.

Neben dem Einführungsgespräch und des ersten Teammeetings ist es zudem wichtig, weiterhin fixe Gesprächszeiten einmal wöchentlich mit den Mitarbeitern zu terminieren.

Diese können dann all ihre Anliegen mitnehmen und es findet eine regelmäßige Abstimmung der erbrachten Leistung statt.

Eröffnen sollten Sie das Gespräch mit dem Punkt "Wie geht es Ihnen?" Diese offene Frage bringt sämtliche Stimmungen, Ärger oder auch Euphorie des

Mitarbeiters zum Ausdruck.

Auch für das Ansprechen privater Probleme erhält der Mitarbeiter hier Raum, denn wenn ein großes privates Problem vorliegt, müssen Sie dies bei seinen Leistungen und seinem Verhalten ggf. mit berücksichtigen.

In dem Gespräch können Sie zudem Fahrpläne gemeinsam mit dem Mitarbeiter entwickeln, bis wann welches Ziel erreicht werden soll. Eine wöchentliche Abstimmung des Fortschritts bringt Sie dann gemeinsam zum Ziel.

Etwa drei Monate nach Ihrem Start sollte ebenfalls in einem der regelmäßigen Jour-Fixe-Termine die gemeinsamen ersten Wochen resümiert werden: Stimmen beidseitig die Erwartungen überein oder gibt es noch Anpassungsbedarf? Wie ist generell die Stimmung und die Zusammenarbeit zwischen Ihnen beiden?

2. PHASE: PRIORISIERUNG DER FESTSTELLUNGEN

Woche 6 – 10
In den darauffolgenden Wochen sollten Sie Ihre getätigten Feststellungen analysieren und einordnen. Folgende Fragen helfen Ihnen dabei:

- Welche Auffälligkeit war für Sie am gravierendsten?
- Was läuft bisher schon erstaunlich gut und was hingegen eher weniger gut?
- Wie passen die aktuellen Prozesse zu Ihren Erwartungen und welche Veränderungen wollen Sie herbeiführen?

Erstellen Sie sich eine Übersicht all Ihrer Punkte, bei denen Sie Handlungspotenzial sehen und überlegen Sie, was Ihnen am wichtigsten ist, denn es gilt, nicht nur das Richtige zu tun, sondern auch das Wichtigste zu verändern.

Erstellen Sie daher eine Priorisierung, in welcher Reihenfolge Sie die Punkte bearbeiten möchten, und gleichzeitig einen Zeitstrahl, bis wann Sie welchen Punkt bearbeitet und verändert haben möchten. Bringen Sie hierbei die Wichtigkeit, die Erfolgswahrscheinlichkeit und die Dringlichkeit der einzelnen Bereiche in ein vernünftiges Gleichgewicht.

Dadurch vermeiden Sie vorschnelle Handlungen, die Sie dann nach einiger Zeit vielleicht wieder bereuen, weil Ihre Lösung nicht richtig durchdacht war.

Wenn Sie mit der Priorisierung zufrieden sind und Sie einige Tage darüber geschlafen und nachgedacht haben, stellen Sie sich die Frage, welcher Ihrer

Mitarbeiter am besten zur jeweiligen Lösungsfindung der einzelnen Handlungsfelder beitragen kann. Berücksichtigen Sie hierbei die Stärken und Schwächen der Einzelnen. Wen wollen Sie vielleicht etwas fordern und aus seiner Komfortzone bewegen?

Durch die Mithilfe der Mitarbeiter bei der Lösungsfindung binden Sie diese aktiv in die Veränderungsprozesse ein. Sie haben dadurch zum einen den Vorteil, dass Sie sich nicht allein um die Lösung des Problems kümmern müssen, zum anderen stärkt diese erste Problembewältigung auch Ihre Bindung zueinander.

3. PHASE: UMSETZUNG DER VER-ÄNDERUNGSPLÄNE

Ab Woche 11

Wenn Sie mit Ihrem erstellen Zeitstrahl, der Priorisierung und der Einteilung der benötigten Mitarbeiter fertig und zufrieden sind, erfolgt anschließend die Umsetzungsphase.

Nehmen Sie sich Ihren ersten Punkt vor und starten Sie mit der Planung der ersten Veränderung. Achten Sie darauf, dass Sie Ihre verlangten Ziele zwar anspruchsvoll, aber realistisch sowie konkret und messbar definieren.

Binden Sie die ausgewählten Mitarbeiter ein, erstellen Sie ein gemeinsames Meeting, bei dem Sie diese über alles informieren und bereits Aufgaben delegieren, planen Sie Ressourcen und Kosten.

Kommunizieren Sie in dem Meeting nicht zu viel, sondern konzentrieren Sie sich auf das Wichtigste, denn sonst empfinden Ihre Mitarbeiter dies schnell als zeitraubend. Fragen Sie sich bei der Vorbereitung, was Ihnen wichtig ist. Versetzen Sie sich für diese Entscheidung in Ihre Mitarbeiter hinein und stellen Sie sich in einem Perspektivwechsel die Frage, was Sie als Angestellter benötigen und wissen wollen würden.

Wichtig ist, dass Sie durch weitere regelmäßige fix terminierte gemeinsame Meetings immer die gewünschten Meilensteine abklären, um diese fristgemäß zu erreichen.

Wird ein Veränderungsprozess nicht aktiv nachgehalten, versickern die Veränderungen nach kurzer Zeit wieder im Sand. Daher ist es auch wichtig, nach der gemeinsamen Ausarbeitung in der Einführung und darüber hinaus dies regelmäßig zu besprechen und abzugleichen.

Nur wenn Veränderungen langfristig umgesetzt werden, verankern sich diese auch zu Gewohnheiten.

Stellen Sie sich bei den ersten Treffen auf Widerstand der Kollegen ein und nutzen Sie diesen positiv. Die Mitarbeiter verlangen von Ihnen Respekt vor den bestehenden Prozessen, aber gleichzeitig auch die Aktivität, dass Sie die falsch laufenden verändern.

Viele der bestehenden Prozesse haben sich wahrscheinlich bereits jahrelang als positiv erwiesen und kein Mensch mag Veränderungen. Halten Sie allerdings an der Veränderung fest, ohne zu autoritär zu wirken. Sie haben Ihre Gründe dafür und verhandeln daher mit den Mitarbeitern nicht darüber, ob der Prozess verändert wird, sondern lediglich, wie die Veränderung am angenehmsten für alle erreicht wird.

Wenn ein Veränderungsprozess abgeschlossen ist und Sie mit den neuen Gewohnheiten zufrieden sind, feiern Sie mit Ihrem Team das Erfolgserlebnis. Ein kleiner gemeinsamer Umtrunk oder ein Mittagessen als Lob für die gemeinsame gute Arbeit stärken das Team und Zusammengehörigkeitsgefühl. Zeigen Sie den Mitarbeitern, dass Sie stolz auf die erbrachte Leistung aller sind. So wird der nächste Veränderungsprozess schon etwas weniger Widerstand mit sich bringen.

DIE ZEIT DANACH ...

... Reflexion

Neben den einzelnen Prozessen, die Sie nach und nach gemeinsam mit Ihrem Team verändern, ist eine anschließende Reflexion unerlässlich.

Selbstreflexion

Beginnen Sie zuerst mit Ihrer Selbstreflexion. Hierzu können Sie sich zur Hilfe folgende Fragen beantworten:

• Bin ich zufrieden mit meiner Mitarbeiter- und Teamführung und gelang mir eine erfolgreiche Zusammenarbeit?

• Wie habe ich mich in den verschiedenen Situationen verhalten und bin ich damit zufrieden?

• Würde ich mich nächstes Mal wieder gleich verhalten?

• Habe ich die Unternehmensziele berücksichtigt?

Beantworten Sie sich diese und noch weitere Fragestellungen am besten täglich, zwingend aber nach Abschluss eines Projektes und versuchen Sie so, Ihren Führungsstil und Ihre Persönlichkeit kontinuierlich zu stärken. Machen Sie, wenn Sie unzufrieden mit Ihrem Verhalten waren, nicht den gleichen Fehler mehrfach, sondern lernen Sie daraus.

Reflexion Ihres Vorgesetzten
Fordern Sie neben Ihrer Selbstreflexion zudem ein Feedback Ihres Vorgesetzten ein.

Denn auch hier gibt es wichtige Punkte, die Sie für Ihre weitere Zusammenarbeit klären und festhalten sollen.

Sicher hat dieser den einen oder anderen Punkt anders wahrgenommen als Sie selbst, Sie werden Gemeinsamkeiten in Ihren Beobachtungen, aber auch Unterschiede feststellen.

Wenn Sie von ihm nicht bereits die Antworten auf nachfolgende Fragen erhalten, stellen Sie ihm diese aktiv von sich aus:

• War Ihr Vorgesetzter mit Ihrer Arbeitsweise und Ihrer Herangehensweise zur Lösungsfindung zufrieden?

• Haben Sie alle Erwartungen Ihres Chefs erfüllt?

• Was hat sich Ihr Chef anders vorgestellt, bzw. erwartet er zukünftig anders von Ihnen?

Wenn Sie bereits frühzeitig den Eindruck Ihres Vorgesetzten widergespiegelt bekommen, haben Sie noch ausreichend Zeit, die angesprochenen Punkte zu verändern und an sich zu arbeiten. Fordern Sie daher dieses Feedback in regelmäßigen Abständen aktiv bei ihm ein. Er wird somit merken, wie veränderungs- und lernbereit Sie sind. Zudem ermöglicht es Ihnen, Ihre Arbeitsweise gemäß den Vorstellungen und Erwartungen Ihres Vorgesetzten möglichst ideal anzupassen, bevor Ihr jährliches Beurteilungsgespräch stattfindet.

Reflexion des Teams

Zuletzt darf das Feedback Ihres Teams nicht fehlen, es ist für Ihr weiteres Vorgehen und Ihre Strategie wichtig. Dabei geht es nicht darum, dass Ihr Team Ihren Führungsstil bewertet, sondern lediglich um eine Rückmeldung, wie zufrieden diese mit Ihrer Kommunikation und Transparenz sind.

Gerade, wenn Sie neu mit einem Team zusammenarbeiten, haben diese oft Hemmungen, die Wahrheit auszusprechen.

Daher eignen sich hierzu auch digitale Feedback-Tools, worüber Sie regelmäßig einen anonymen Einblick erhalten, wo es welchen Handlungsbedarf gibt und wie die Stimmung derzeit im Team ist.

Wie Sie ein erfolgreiches Hochleistungsteam aufbauen und Ihre Ziele erreichen

Wenn mehrere Personen zur Lösung bzw. Erfüllung einer Aufgabe zusammenarbeiten, dann spricht man von einem Team. Ein gutes Team zieht am gleichen Strang und arbeitet miteinander, anstatt gegeneinander. In jedem Team sind gewisse Regeln für eine erfolgreiche Zusammenarbeit notwendig. Denn immer wieder stellen sich die ähnlichen Probleme ein mit Streitereien, Missverständnissen oder manche Mitarbeiter erledigen ihre Aufgaben nicht wie abgesprochen.

Die Entwicklung eines guten Teams besteht aus vier verschiedenen Phasen, die alle ihre Zeit brauchen:

1. FORMING

Diese erste Phase bei der Teamgründung, bei der sich die Teammitglieder noch nicht richtig kennen, zeichnet sich dadurch aus, dass noch keine Ziele definiert sind und wenig im Team abgesprochen ist. Die Kollegen begegnen sich höflich, aber zurückhaltend. Sie haben während dieses Prozesses die Aufgabe, einen klaren Rahmen für die zukünftige Zusammenarbeit vorzugeben und Strukturen festzulegen.

2. STORMING

Die zweite Phase ist die Zeit des "Sturms", in der die ersten Konflikte ersichtlich werden und jeder Mitarbeiter seine Grenzen austestet, um Rollen und Positionen zu definieren.

Für Sie als Führungskraft ist es in dieser Findungsphase sehr schwierig, gemeinsame Ziele zu erreichen und gemeinsam voranzukommen, denn das Team beschäftigt sich derzeit mehr miteinander, als das gemeinsame Ziel zu verfolgen.

Geben Sie Ihrem Team die Zeit, die es braucht. Sie unterstützen Ihr Team dabei, indem Sie die Konflikte erkennen und offen ansprechen sowie diese teilweise auch zu tolerieren.

3. NORMING

Die darauffolgende Phase zeichnet sich dadurch aus, dass sich Regeln festlegen, wie man miteinander umzugehen hat.

Die zuvor aufgetretenen Konflikte sind hoffentlich bewältigt und es gibt in dieser Phase einen offenen Austausch. Ab diesem Zeitpunkt akzeptieren sich die Gruppenmitglieder untereinander und sind auch anderen Sichtweisen gegenüber offen. Ein Wir-Gefühl stellt sich ein und das eigentliche Arbeiten als Team kann beginnen.

Die Verantwortung wird von Ihnen als Führungskraft in dieser Zeit immer weiter an die Gruppe abgegeben.

4. PREFORMING

In dieser letzten Phase kommt Ihr Hochleistungsteam zum Vorschein. Das Team "performt" solidarisch miteinander und alle helfen sich gegenseitig bei der Erreichung der Ziele. Verschiedene Charaktere werden als Stärke verstanden und auch so eingesetzt. Bei Fehlern wird kein Schuldiger gesucht, sondern gemeinsam gezielt eine Lösung erarbeitet. Feiern Sie gemeinsam Erfolge, das stärkt das Team und Sie verhindern, dass das Team nochmal in eine vorherige Phase zurückfällt.

Geben Sie Ihrer Gruppe die Zeit, die sie benötigt, und halten Sie sich mit Ihrer eigenen Meinung möglichst zurück.

Oftmals haben Sie nicht die Möglichkeit, ein eigenes neues Team zu generieren, sondern bekommen die Führung einer bestehenden Gruppe übertragen. Daher ist es an dieser Stelle das Wichtigste, die Gruppenmitglieder bestmöglich einzusetzen, wie diese am leistungsfähigsten sind.

Durch die zuvor beobachteten Gewohnheiten und die stattgefundenen Gespräche haben Sie nun einen umfassenden Überblick gewonnen, was die Stärken und was die Schwächen von jedem Einzelnen sind und wie jede Person am erfolgreichsten einzusetzen ist.

Machen Sie die unterschiedenen Charaktere zu Ihrem Vorteil, denn eine große Vielfalt an verschiedenen Personen bringen viele Innovationen mit sich und ein gutes Team braucht Vielfalt.

Teams arbeiten besonders effektiv miteinander, wenn die nachfolgenden Punkte erfüllt sind:

• Sie empfinden eine psychologische Sicherheit:

Das bedeutet, dass keiner Angst davor hat, Ideen einzubringen oder seine Meinung zu äußern, auch wenn dies noch nicht komplett durchdacht sind. Wenn Fragen erlaubt und Anregungen erwünscht sind, entsteht eine Sicherheit für die Teammitglieder und sie haben den Mut, sich einzubringen. Jeder kann und jeder muss sich einbringen.

• Wenn alle Teammitglieder verantwortungsvoll arbeiten und sich gegenseitig alle mit dem gleichen Qualitätsanspruch aufeinander verlassen können, entsteht eine größere Effektivität bei der Arbeit. Eine ausgeprägte Kommunikation untereinander ist hierfür das Erfolgsrezept. Um diese gemeinsam zu lernen, bieten sich spezielle Kommunikationstrainings an, an denen Sie als Vorgesetzter ebenfalls teilnehmen.

• Durch klare Ansagen, deutlichen Erwartungen und konkrete Ziele, die Sie vorgeben müssen, gelingt es dem Team, diese besser zu erfüllen. Exzellente Teams benötigen eine exzellente Führung. Um diese Fähigkeit zu besitzen, benötigen Sie reichlich Übung.

• Versuchen Sie, es zu schaffen, dass Ihr Team die geleistete Arbeit als sinnvoll empfindet und daraus einen Mehrwert für sich erkennen kann. Noch stärker gelingt dies, wenn die getätigte Arbeit vom Team bewusst Einfluss auf den kompletten Unternehmenserfolg hat, das macht die Mitarbeiter zufriedener und effizienter.

Auch die Größe des Teams spielt neben den genannten Punkten eine entscheidende Rolle bei einer konstruktiven Zusammenarbeit. Bei einem zu kleinen Team ist es schwieriger voranzukommen, während sich bei einem Team ab sieben Mitgliedern Grüppchen bilden.

Vermeiden kann man dies nicht, es ist jedoch wichtig, dass Sie darauf achten, dass sich die einzelnen Gruppen nicht zu sehr voneinander entfernen und nicht gegeneinander arbeiten.

Seien Sie nachsichtig mit sich, wenn nicht alles reibungslos und gleich ohne Probleme funktioniert, Sie arbeiten und formen die kompliziertesten Wesen der Erde: die Menschen.

Liste für den Selbstcheck: Sind Sie eine erfolgreiche Führungskraft?

Wenn Sie die nachfolgenden Aussagen bereits heute oder im Laufe Ihrer Entwicklung mit Ja beantworten können, sind Sie auf dem besten Weg, eine erfolgreiche und sympathische Führungskraft zu werden:

1. Vertrauen Sie auf Ihre Stärke und Ihre fachlichen Kenntnisse. Setzen
Sie diese gezielt zur Unterstützung und zum Imponieren des Teams ein.

2. Stellen Sie die Führungs- als Ihre Hauptaufgabe in den Mittelpunkt Ihrer täglichen Arbeit.

3. Führen Sie gewünschte Veränderungen oder Problemlösungen langsam, aber dafür konsequent durch.

4. Verwandeln Sie Ihr Team zu Ihrem stärken Werkzeug beim Erreichen Ihrer Ziele. Binden Sie dieses dazu aktiv und eng in alle Entscheidungsprozesse ein, die diese betreffen.

5. Übertragen Sie Verantwortungen und delegieren Sie Aufgaben an die Teammitglieder.

Fazit

Führungskraft einer Gruppe zu sein, erfordert ein großes Maß an Flexibilität, sich minütlich auf neue Situationen einzustellen und diese zielführend zu gestalten.

Zudem dürfen Offenheit, Authentizität sowie ein berechenbares und konsequentes Handeln nicht fehlen.

Diese Punkte alle zu berücksichtigen, ist in einer neuen Position schwer.

Umso wichtiger für eine erfolgreiche Zukunft auf Ihrer neuen Stelle ist daher eine ausführliche Einarbeitung sowie die Einhaltung der verschiedenen Phasen, welche Ihnen als Orientierungspunkt dienen.

Durch verschiedene Übungen können Sie Ihre persönlichen Kompetenzen für Planung, Organisation und die Kontrolle im Unternehmen erlernen.

Sie erzielen die besten Ergebnisse gemeinsam, also eignen Sie sich eine "Wir schaffen das"-Haltung an, indem Sie nicht nur den Chef spielen, sondern sich gegenüber Ihren Mitarbeitern genauso geben, wie Sie sind, und auch Ihre Schwächen nicht verstecken.

Stehen Sie zu Ihrem Wort und sehen Sie jeden Mitarbeiter als Menschen und nicht nur als bestimmte Position im Unternehmen.

Vergessen Sie nicht, Chefs sind auch nur Menschen und kein Mensch ist fehlerfrei. Also legen Sie gleich morgen los und probieren Sie die kennengelernten Übungen in der Praxis aus.

Viel Spaß und viel Erfolg dabei!

Herstellung und Verlag:

BoD – Books on Demand, Norderstedt

ISBN: 9783754326169

1. Auflage

Kontakt: Psiana eCom UG/ Berumer Str. 44/ 26844 Jemgum

Covergestaltung: Fenna Larsson

Coverfoto: depositphotos.com